LES AGES,

BALET

REPRESENTÉ POUR LA PREMIERE FOIS
PAR L'ACADÉMIE ROYALE
DE MUSIQUE,

Le Dimanche neuf Octobre 1718.

Le prix eſt de trente ſols.

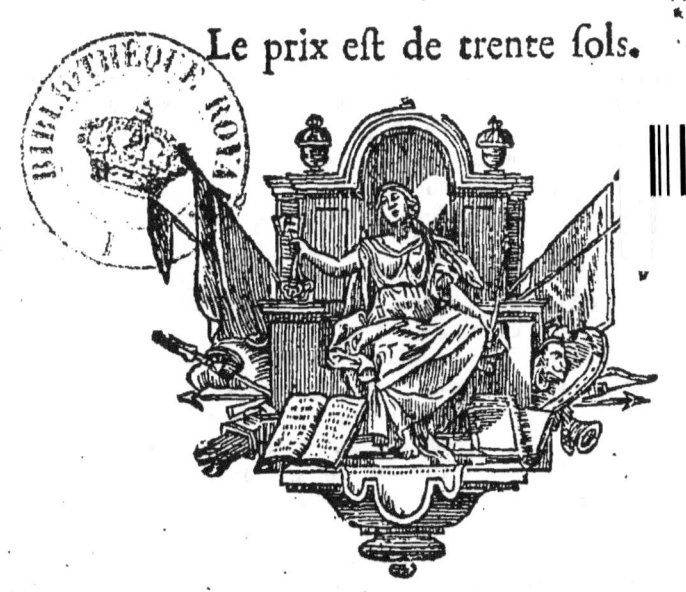

A PARIS,

Chez PIERRE RIBOU, ſeul Libraire de l'Académie
Royale de Muſique, Quai des Auguſtins, à la
quatriéme Boutique en deſcendant
du Pont-Neuf, à l'Image S. Loüis.

MDCCXVIII.

Avec Approbation & Privilege du Roi.

PRIVILEGE DV ROY.

LOUIS par la grace de Dieu Roi de France & de Navarre: A nos amés & Feaux Conseillers les gens tenans nos Cours de Parlement, Maîtres des Requêtes ordinaires de notre Hôtel, Grand Conseil, Prevôt de Paris, Baillifs, Senechaux, leurs Lieutenans Civils, & autres nos Justiciers qu'il appartiendra, Salut. Les Sieurs Besnier Avocat en Parlement, Chomat, Duchesne, & de la Val de S. Pont, Bourgeois de notre bonne ville de Paris, Nous ont fait remontrer, qu'en conséquence de l'Arrêt de notre Conseil du 12. Decembre 1712. du Traité fait entre eux & les Sieurs de Francine & Dumont le 24. desd. mois & an, & de nos Lettres Patentes du 8. Janvier ensuivant, confirmatives du Traité, ils auroient acquis le Privilege de faire representer les Opera durant le tems de vingt années, à compter du 20. Aout 1712. ainsi que le Privilege de la vente des paroles desd. Opera, lesquelles ils desireroient faire imprimer pour les donner au Public, s'il Nous plaisoit leur accorder nos Lettres de Privilege sur ce necessaires. A CES CAUSES desirant favorablement traiter les Exposans, attendu les charges dont l'Académie Royale de Musique se trouve oberée, & les grandes depens qu'il convient de faire tant pour l'impression que pour la gravure en taille-douce des planches dont ce Livre sera orné, Nous leur avons permis & permettons par ces Presentes de faire imprimer & graver les Paroles & la Musique, de tous lesd. Opera qui ont été ou qui seront representées par l'Académie Royale de Musique, tant separément que conjointement, en telle forme, marge, caractere, nombre de volumes & de fois que bon leur semblera, & de les faire vendre & debiter par tout notre Royaume pendant le tems de dix-neuf années consecutives, à compter du jour de la datte desdites Presentes. Faisons defenses à toutes personnes, de quelque qualité & condition qu'elles puissent être, d'en introduire d'impression étrangere dans aucun lieu de notre obeïssance, & à tous Imprimeurs, Libraires, Graveurs, & autres, d'imprimer, faire imprimer, vendre, faire vendre, debiter, ni contrefaire lesdites impressions, planches & figures, en tout ni en partie, sans la permission expresse & par écrit desd. Sieurs Exposans, ou de ceux qui auront droit d'eux, à peine de confiscation des exemplaires contrefaits, de six mille liv. d'amende contre chacun des contrevenans, dont un tiers à nous, un tiers à l'Hôtel-Dieu de Paris, l'autre tiers ausdits Sieurs Exposans & de tous dépens, dommages & interêts, à la charge que ces Presentes seront enregistrées tout au long sur le Registre de la Communauté des Imprimeurs & Libraires de Paris, & ce dans trois mois de la datte d'icelles, que la gravure & impression desdits Opera sera faite dans notre Royaume & non ailleurs, en bon papier & en beaux caracteres, conformément aux Reglemens de la Librairie, & qu'avant de les exposer en vente il en sera mis deux Exemplaires dans notre Bibliotheque publique, un dans celle de notre Château du Louvre, & l'autre dans celle de notre trés-cher & feal Chevalier Chancelier de France le Sieur Phelypeaux Comte de Pontchartrain, Commandeur de nos Ordres, le tout à peine de nullité des Presentes: du contenu desquelles vous mandons & enjoignons de faire joüir lesd. Sieurs Expans, ou leurs ayans cause, pleinement & paisiblement, sans souffrir qu'il leur soit fait aucun trouble ou empêchement. Voulons que la copie desdites Presentes, qui sera imprimée au commencement ou à la fin desd. Opera, soit tenuë pour düement signifiée, & qu'aux copies collationnées par l'un de nos amés & feaux Conseillers & Secretaires soit soit ajoûtée comme à l'Original. Commandons au premier notre Huissier ou Sergent de faire pour l'execution d'icelles tous actes requis & necessaires, sans demander autre permission, & nonobstant Clameur de Haro, Charte Normande, & Lettres à ce contraires: Car tel est notre plaisir. Donné à Versailles le 20. jour d'Août l'an de Grace 1713. & de notre Regne le soixante-onziéme. Par le Roi en son Conseil. Signé BESNIER avec paraphe, & scellé.

Nous avons cedé à M. Ribou le present Privilege suivant le Traité fait avec lui le 17. Juillet dernier 1713. A Paris le 22. Aout 1713. Signé, BESNIER.

Regiftré fur le Registre avec la Ceffion n. 3. de la Communauté des Libraires & Imprimeurs de Paris, page 648. n. 731. conformément aux Reglemens, & notamment à l'Arrêt du 13. Août 1703. Fait à Paris ce 11. Septembre 1713. L. JOSSE, Syndic.

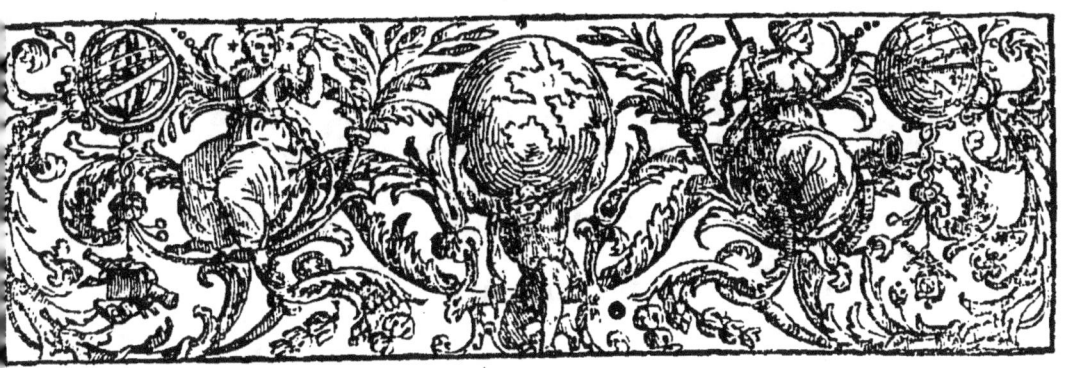

A

SON ALTESSE ROYALE

MADAME.

PRINCESSE, transporté de l'ardeur de vous plaire,

J'entreprends un deſſein, peut-être témeraire:

Par Thalie inſpiré j'ai raſſemblé les Jeux,

Momus m'a conduit ſur leurs traces,

J'ai tâché d'y joindre les Graces,

Je ne ſçai ſi j'ai fait cet aſſemblage heureux.

Je n'en douterai plus fi j'ai votre fuffrage,
Votre goût eft le port ou l'écuëil d'un Ouvrage :
   Jamais à faux il n'en marque le prix ;
D'un comique Balet je vous offre l'hommage,
Puiffe-t il près de vous ne trouver que les Ris.

   Si par hazard quelqu'un s'étonne
Du Don que je vous fais ; ce quelqu'un ne conçoit
Qu'un Tribut fe mefure au mortel qui le donne,
   Non pas au Dieu qui le reçoit.

Je pourrois bien, féduit par un zele incommode,
Quoique fûr d'éviter tous les fentiers battus,
   Du Panegyrique, & de l'Ode,
Vous ennuyer, PRINCESSE, en comptant vos Vertus.
On ne peut s'en fauver, fût-on Horace ou Pline,
Il faut toujours cacher l'encens qu'on vous deftine :
La fiere Calliope en marchant fur vos pas
   N'ofe fonner de fa trompette,
Quel eft donc aujourd'hui le but que je projette ?
Je veux vous divertir, je ne vous loürai pas.

       FUZELLIER.

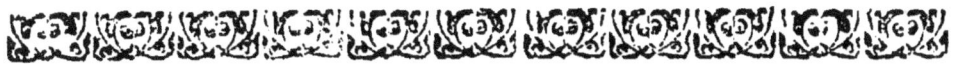

AVERTISSEMENT.

ON verra dans ce Balet, que j'ai cru que Thalie avoit des droits fur la Mufique auffi bien que Melpomene. Je ne ferai pas une longue Differtation pour prouver que le genre comique n'eft pas incompatible avec les beautés de l'harmonie. Si le Balet des Ages que je prefente au Public le divertit, mon projet eft juftifié; fi la Piéce n'a pas le bonheur de plaire, mon Apologie feroit pour moi un nouveau crime, & pour mes Lecteurs une furcharge d'ennui. Je déclare aux Délicats de profeffion, aux beaux Efprits Grammairiens, & aux Niveleurs des Plans Dramatiques, que je n'ai prétendu donner qu'un tiffu de Maximes enjoüées, liées par un intrigue legere, qui pût occafionner des Airs gracieux & des danfes variées: C'eft ce me femble, ce qui doit conftituer le fonds d'un Balet. Je fçai que je cours rifque de déplaire à ces triftes Voluptueux qui n'aiment que les plaifirs graves, qui veulent qu'Apollon ne paroiffe pas un feul inftant fans fon coturne, que les Mufes foient toujours en habit de cérémonie, &

ne leur permettent jamais les graces du deshabiller. Enfin,
qui ont fait vœu de n'être touchés dans un Opera que de
ces Morceaux patétiques que le dépit & la colere chantent
quelquefois avec tant de méthode & de propreté. Je me
consolerai tres-aisément de leur censure la plus aigre, si
le Public ne l'adopte pas : Je demande seulement aux
Critiques plus judicieux & moins passionnés, la grace de
se souvenir de mon intention, en examinant mon Ou_
vrage, & de ne pas me punir trop severement d'avoir
craint de les ennuyer.

ACTEURS & ACTRICES CHANTANS

dans tous les Chœurs du Prologue & du Balet.

COSTE' DE LA REINE.

COSTE' DU ROI.

Mesdemoiselles

Limbourg.
Millon.
Guillet.
La Roche.
Testelette.
Fleury.

Mesdemoiselles

Constance.
Tulou.
La Garde.
Veron.
Courbois.
Rubantel.

Messieurs

Corbie.
Lemire-L.
Faussié.
Dun , le fils.
Thomas.
Dautrep.
Houbeau.
Duchesne.
Naudé.

Messieurs

Morand.
Venec pere.
Alexandre.
Buseau.
Deshais.
Lebel.
Duplessis.
Corail.

ACTEURS CHANTANS
DU PROLOGUE.

HEBE', *Déesse de la Jeunesse*, Mademoiselle Pouffin.
LE TEMS, Monfieur le Mire.
VENUS, Mademoiselle Antier.
BACCHUS, Monfieur Dubourg.

ACTEURS DANSANS
DU PROLOGUE.

SUITE DE LA JEUNESSE.

Mefdemoifelles de la Feriere, Haran, Dupré, Duval,
Châteauvieux, Brunel.

SUITE DU TEMS.

Meffieurs Javilliers, Pierret, Guyot, Maltaire.

SUITE DE VENUS.

Mademoifelle Guyot.
Mefdemoifelles Lemaire, le Roi-L.
Meffieurs Dumoulin-L, Dupré.
Meffieurs P. Dumoulin, Laval.

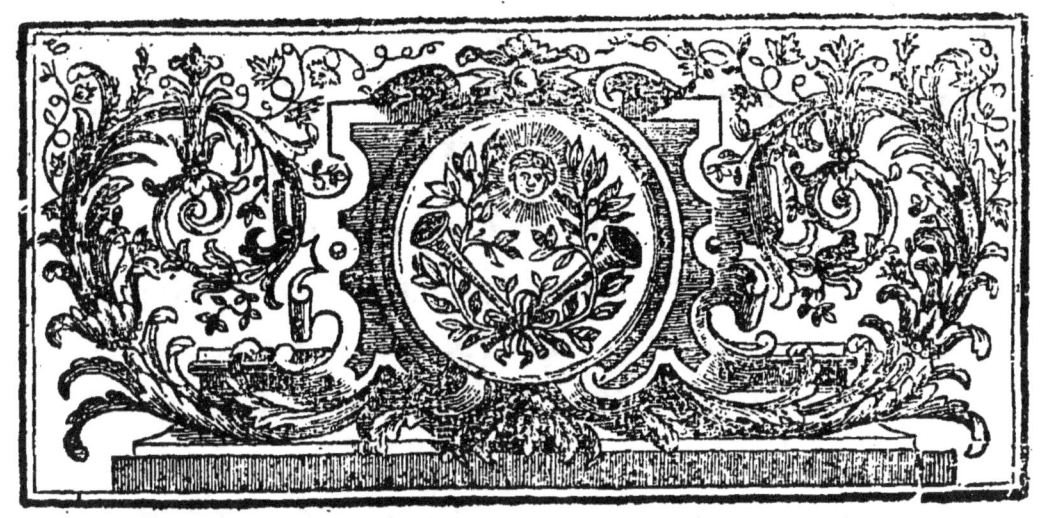

PROLOGUE.

*Le Theatre represente un Bosquet des Jardins
d'Hebé, Déesse de la Jeunesse.*

HEBE.

Sortez de ces paisibles bois,
Venéz, troupe charmante, accourez à ma voix.

Rassemblez-vous, le plaisir vous appelle,
De vos jeunes momens consacrez-lui le cours;
Et marquez tous vos beaux jours
Par une fête nouvelle :
Rassemblez-vous, le plaisir vous appelle.

PROLOGUE.

Toute la Suite d'Hebé accourt & se dispose aux plaisirs
qu'on lui annonce.

CHOEUR *de la suite d'Hebé.*

Rassemblons-nous, le plaisir nous appelle;
De nos jeunes momens consacrons-lui le cours;
Et marquons tous nos beaux jours
Par une fête nouvelle;
Rassemblons nous , le plaisir nous appelle.

HEBE.

Les Loix que vous suivez sont faites par les Jeux ,
Connoissez tout le prix d'un si doux avantage :
C'est être doublement heureux
Que de l'être à votre âge.

Ici le plaisir seul exerce son pouvoir :
Riez , dansez , chantez sans cesse ,
C'est-là votre devoir
Agréable jeunesse.

La suite d'Hebé exprime son bonheur par des Danses.
Elles sont interrompuës par une Symphonie caracterisée
qui annonce le Tems.

HEBE.

Ciel ! qui peut nous troubler dans de si doux instans ?
Quels tristes sons? que vois-je ! c'est le Tems.

LE TEMS.

Venez triftes Sujets foumis à ma puiffance
Marquez-moi votre obéïffance.

Pourfuivons la Jeuneffe & troublons fes beaux jours.
Chaffons les Ris errans fous ces ombrages,
Otons à la Beauté leur utile fecours ;
Le plaifir fçait du Tems arrêter les ravages.
Pourfuivons la Jeuneffe & troublons fes beaux jours.

*La fuite du Tems ennemie des plaifirs pourfuit les Suivantes
d'Hebé, & leurs danfes dépeignent la legereté de la Jeuneffe
qui recommençant les Jeux autant de fois qu'on les inter-
rompt, nous exprime fon caractere qui eft d'oublier les
chagrins dès qu'ils difparoiffent : On entend une douce
Symphonie. Venus paroît dans fon Char avec l'Amour &
Bacchus. Le Tems & fa Suite fe retirent.*

LE TEMS.

Qu'entens-je!c'eft l'Amour qui defcend dans ces lieux
Retirons-nous : Cédons au Souverain des Dieux.

VENUS.

Raffurez-vous Jeuneffe aimable,
Revenez, triomphez du Tems impitoyable.

*Toute la fuite d'Hebé revient, ramenée par la fuite
de l'Amour.*

PROLOGUE.

BACCHUS.

Ne vous étonnez pas de voir dans ces beaux lieux
Des plus aimables Dieux
Le riant affemblage.
Pour le bien des Mortels fur le Char de Venus
Aujourd'hui l'Amour voyage
Affis auprés de Bacchus.

VENUS.

Soupirez, réverez le Dieu qui vous engage,
Soupirez nuit & jour,
Jeunes cœurs, les foupirs font l'encens de l'Amour :
Qu'il eft doux de lui rendre hommage !

Aimez. Dans l'Hyver même on joüit du Printems,
Quand l'Amour vole
Sur les traces du Tems.
Eft-ce pour la raifon que font faits les beaux ans ?
Faut-il qu'à fes confeils un jeune cœur s'immole ?
Aimez. Dans l'Hyver même on joüit du Printems,
Quand l'Amour vole
Sur les traces du Tems.

BACCHUS.

Aimez, bûvez ; notre préfence
Vous invite à joüir de notre intelligence.

Le

PROLOGUE.

Le Dieu du Vin
Poſſede ſans partage
Les bords du Rhin :
Et le Dieu de Paphos regle ſeul le deſtin
Des climats qu'arroſe le Tage.
Heureux l'empire ! heureux le ſort
Qui l'un à l'autre les enchaîne !
C'eſt ſeulement aux rives de la Seine
Que l'Amour & Bacchus regnent toujours d'accord.

La ſuite de l'Amour mêlée à celle d'Hebé, honore Bacchus
& Venus par leurs danſes.

VENUS.

Veillés Bacchus , veillés Amour,
Endormés la raiſon ſevere,
Triomphés dans ce beau ſéjour.

Empêchés-là de nous diſtraire.
Quel jour charmant ! quel heureux jour!
Quand vous la forcés à ſe taire !

Veillés Bacchus , veillés Amour,
Endormés la raiſon ſevere,
Triomphés dans ce beau ſéjour.

Les danſes recommencent.

PROLOGUE.

VENUS.

Plaifirs, faites briller vos charmes,
Qu'un fpectacle galant nous montre dans ce jour
Tous les Ages foumis au pouvoir de l'Amour :
Plaifirs, faites briller vos charmes,
Contre les coups du Tems ce font de fûres armes.

A l'Amour.

Volés, mon fils, volés; que Flore & les Zephirs
Preparent avec vous des Fêtes
Qui doivent à nos yeux retracer vos conquêtes.

Aux Suivantes d'Hebé.

Et vous en les chantant redoublés vos plaifirs.

L'Amour s'envole.

VENUS ET BACCHUS.

Venus . . . . Celebrez ⎰ Bacchus ⎱ & fa gloire,
Bacchus . . . . . ⎱ l'Amour ⎰

Que ces Dieux dans vos cœurs partagent la victoire :
Celebrez leur accord par un concert nouveau :
Que l'écho fe reveille ;

Venus.   Chantez Bacchus fous l'Ormeau,
Bacchus.   Chantez l'Amour fous la Treille.

CHOEUR.

Suite de l'Amour . . . Celebrons { Bacchus
Suite de Bacchus . . . { l'Amour } & sa gloire,

Que ces Dieux dans nos cœurs partagent la victoire;
Celebrons leur accord par un concert nouveau :
Que l'écho se reveille;

Suite de l'Amour . . Chantons Bacchus sous l'Ormeau,
Suite de Bacchus . . . Chantons l'Amour sous la Treille.

Fin du Prologue.

ACTEURS CHANTANS
DU BALET.

PREMIERE ENTRÉE
LA JEUNESSE
OU
L'AMOUR INGENU.

FLORISE, *très-jeune personne aimée de Léandre*, Mademoiselle Toulou.

ARTEMISE, *Gouvernante de Florise*, Mr. Muraire.

LEANDRE, *Amant de Florise, deguisé de même qu'Artemise Gouvernante de Florise*, Mr. Cocherau.

ZERBIN, *Valet de Leandre*, Monsieur Mantienne.

Un Masque chantant, Mademoiselle de la Garde.

Troupes de Masques.

La Scene est à la Foire de Bezons.

SECONDE ENTREE.

L'AGE VIRIL

OU

L'AMOUR COQUET.

ERASTE, *homme de plaisir, Amant de Lucinde,*
Monsieur Thevenart

LUCINDE, *jeune Veuve coquette,* Mademoiselle Poussi

DAMON, *Petit Maître,* Mr. Muraire.

CLEON, *Financier amoureux de Lucinde,* M. Guesdon.

Vendangeurs & Vendangeuses.

La Scene est en Champagne près du Château de Lucinde.

TROISIÉME ENTRÉE.
LA VIEILLESSE
OU
L'AMOUR JOÜÉ.

FABIO, *Pere de Silvanire, Noble Venitien,* Monfieur Dun le Pere.

SILVANIRE, *Fille de Fabio, deguifée en Cavalier, Polonois,* Mademoifelle Antier.

VALERE, *Seigneur Polonois, Amant de Silvanire,* Monfieur Dun le Fils.

ARGANT, *Vieillard Amoureux de Silvanire, Gentil-homme de campagne François,* Monfieur Mantienne.

MERLIN, *Valet de Fabio,* Monfieur Cocherau.

L'Ordonateur de la Fête, Monfieur Guefdon.

La Folie, Mademoifelle Haran.

Un Acteur de la Fête, Monfieur Muraire.

La Scene eft près de Padouë dans les Jardins preparez pour une Fête.

ACTEURS DANSANS
DU BALET.

PREMIERE ENTREE.
FOIRE DE BEZONS.

Premiere Bande de Masques.

Messieurs Blondy , Marcel-L.
Mesdemoiselles Dupré, le Roi C.

Messieurs Dumoulin-L, Dupré.
Mesdemoiselles Lemaire, Duval.

Messieurs Ferand , Pierret.
Mesdemoiselles Brunel, Châteauvieux.

Seconde Bande de Masques.

Monsieur D. Dumoulin.
Mesdemois. Prevôt , Guyot.

Messieurs F. Dumoulin , P. Dumoulin.
Mesdemoiselles la Feriere , Haran.

DEUXIEME ENTREE.
FESTE DE VANDANGEVRS.

Le Seigneur du Village , Monsieur Ferand ,
Sa Femme , Mademoiselle Dupré.
Sa Fille , Mademoiselle Prevoft.

JEVNES PAYSANS ET PAYISANNES.

Messieurs Marcel - L., Dupré
Mesdemoiselles Châteauvieux, Brunel.

VANDANGEVRS.

Messieurs Javilliers , Pierret, Guyot, Maltaire.

VANDANGEUSES.

Mesdemoiselles Lemaire, le Roi-L., Mangot, Duval.

TROISIE'ME ENTRE'E.
LE TRIOMPHE DE LA FOLIE
SUR LES AGES.

LA FOLIE.

Mademoiselle Haran.

SUITE DE LA FOLIE.

Messieurs Javilliers, Pierret, Guyot, Maltaire, Marcel-C.

ARLEQUIN, Monsieur F. Dumoulin.

ARLEQUINE, Mademoiselle de la Feriere.

POLICHINEL, Monsieur P. Dumoulin.

LES AGES.

Monsieur Laval, Mademoiselle Brunel.
Monsieur Dangeville, Mademoiselle Châteauvieux.
Monsieur Dupré, Mademoiselle le Roi-C.
Monsieur Ferand, Mademoiselle Dupré.

LES

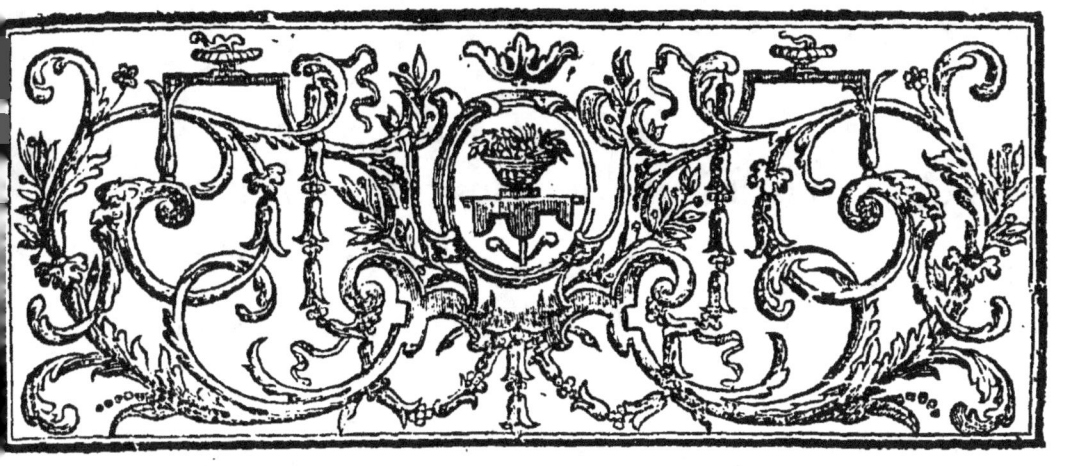

LA JEUNESSE
OU
L'AMOUR INGENU.

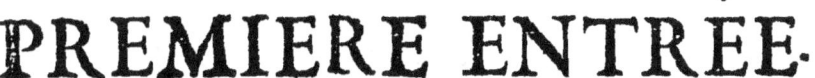

PREMIERE ENTRÉE.

*Le Theatre represente au fonds la Riviere de Seine,
& dans les aîles la Foire de Bezons.*

SCENE PREMIERE.

LEANDRE *déguisé comme* ARTEMISE,
un masque à la main, ZERBIN *déguisé.*

ZERBIN.

Uel dessein vous conduit dans ce séjour
charmant?
Les Amours sur ces bords préparent mille
fêtes;

A

Venez-vous aujourd'hui fous ce déguifement
Tenter de nouvelles conquêtes ?

LEANDRE *déguifé comme* ARTEMISE.

C'eft fous un pareil ornement
Que doit paroître ici l'incommode Artemife
Ce redoutable Argus de la jeune Florife.
Ah ! que fes foins fâcheux
Otent de doux momens à mon cœur amoureux !

ZERBIN.

Quoi vous aimez Florife ?

LEANDRE *déguifé comme* ARTEMISE.

Je l'adore.
Florife ne fçait pas encore
Le prix de fes attraits :
Un jeune objet paré de charmes qu'il ignore
N'en eft que plus fûr de fes traits.

ZERBIN.
D'une Beauté naiffante
Les jeux occupent feuls les foins & les défirs ;
Elle rit fans pitié des plus tendres foupirs,
Lorfque l'on s'en plaint, elle chante :
N'attendez pas de vrais plaifirs
D'une Beauté naiffante.

LEANDRE *déguisé comme* **ARTEMISE.**

D'une beauté naiffante
Heureux qui peut caufer les timides défirs,
Elle feule nous peut donner de vrais plaifirs :
Quelle douceur charmante
D'entendre les premiers foupirs
D'une Beauté naiffante ?

ZERBIN.
Vous êtes donc aimé ?

LEANDRE *déguifé comme* **ARTEMISE.**

Hélas ! j'ignore même
Si l'on connoît que j'aime.

Je viens chercher ici l'objet qui m'a charmé.
J'efpere furprendre Artemife,
Sous fon déguifement que j'ai fait imiter
Je peux tromper les yeux de la jeune Florife
Et trouver le moment de m'en faire écouter.

ZERBIN.
Le Bal vous favorife
On va fe raffembler fur ce rivage frais....

LEANDRE *déguifé comme* **ARTEMISE.**

Le trouble charmant qui s'aprête
Annonce à mon cœur mille attraits ;

LES AGES,

Dans le défordre d'une fête
L'Amour ne s'égare jamais.

ZERBIN.

On vient.

LEANDRE *déguifé comme* ARTEMISE.

Retirons-nous fous ce feüillage épais.

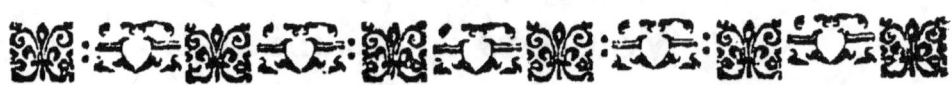

SCENE II.

FLORISE *déguifé*, ARTEMISE *déguifé comme*
LEANDRE.

ARTEMISE.

NE nous écartons pas fur cette aimable rive,
Je crains que malgré nous quelqu'Amant ne
    nous fuive ;
Nous fommes fur ces bords toutes deux fans fecours.

On ne trouve pas toujours
Des Roffignols fous l'ombrage :
Mais il n'eft point de bocage
Où ne volent les Amours.

Plaignons un cœur qui s'engage,
Les Amans jusqu'au village
Aujourd'hui manquent de foi.

FLORISE.

Vous les connoiſſez mieux que moi,
On doit tout ſçavoir à votre âge.

ARTEMISE.

A mon âge ? eſt-ce à moi que l'on tient ce langage ?

Je ſuis encor dans ma belle ſaiſon,
C'eſt ce qui fait le prix de mon indifférence :
Sçachez que ma prudence
Eſt un beau fruit de ma raiſon
Et non de mon experience.
De cent perils divers ſongez à vous garder :
Croyez-en ma Sageſſe,
Les hommes ſont méchans.....

FLORISE.

C'eſt donc pour les gronder
Qu'on vous voit les chercher ſans ceſſe.

ARTEMISE.

Ils vous cachent toujours le venin ſous les fleurs :
Je vous amene au Bal, voyez ma complaiſance,
Mais évitez les ſoupirs impoſteurs
Des Amans qu'en ces lieux promene l'inconſtance ;
Songez que ſur ces bords on maſque auſſi les cœurs.

N'écoutez fur ce rivage
Que le murmure des eaux
Et de l'amoureux ramage
Fuyez les accords nouveaux ;
Les Amants fous cet ombrage
Chantent mieux que les Oifeaux.

SCENE III.

ARTEMISE, FLORISE, LEANDRE
déguifé comme ARTEMISE *un mafque à la main,*
ZERBIN.

LEANDRE *déguifé comme* ARTEMISE *au fonds du Theatre.*

EH ! quoi toujours l'importune Artemife ?

ARTEMISE *à* FLORISE *fans voir* LEANDRE.

Quelqu'un vient, fuivez-moi.

Artemife fort du Theatre: Florife la fuit lentement, ce qui fournit à Leandre l'occafion de l'aborder, après avoir ordonné à Zerbin d'aller amufer Artemife.

LEANDRE *deguisé comme* ARTEMISE.

à Zerbin.

Saisissons ce moment , & toi,
Cours amuser l'Argus, feins que ton ame éprise
Adore ses appas.

ZERBIN.
O l'agréable emploi !

***

SCENE IV.

FLORISE, LEANDRE *deguisé comme* ARTEMISE.

LEANDRE *deguisé comme* ARTEMISE
mettant son masque.

ATtendez donc Florise....
FLORISE.
O! Ciel la severe Artemise
Sous le masque cache ses traits.

LEANDRE *deguisé comme* ARTEMISE.
On ne doit laisser voir ici que vos attraits.
FLORISE.
Vous changez bien-tôt de langage.

LEANDRE *deguifé comme* **ARTEMISE.**
Profitons du plaifir qui vient s'offrir à nous.

FLORISE.
Que devient votre humeur faúvage ?
Vos Confeils....

LEANDRE *deguifé comme* **ARTEMISE.**
Oubliez-les tous.

FLORISE.
Ah ! qu'aujourd'hui votre entretien m'enchante !

LEANDRE *deguifé comme* **ARTEMISE.**
Florife m'aimez-vous....

FLORISE.
Oh ! je m'en garde bien ;
Vous m'ordonnez de n'aimer rien,
Et je fuis fort obéïffante.

LEANDRE *deguifé comme* **ARTEMISE.**
N'aimez-rien, j'y confens, obfervez cette loi
N'en exceptez que moi.
Mais peut-être déja quelque flâme naiffante
De votre jeune cœur occupe tous les vœux ;
Ne vous contraignez plus, avoüez-moi vos feux.

FLORISE.
J'ignore ces ardeurs fecrettes,
Et je n'ai pas deffein de les fentir un jour ;

Non,

Non, l'on n'eſt pas tenté de connoître l'Amour
Sur les portraits que vous en faites :

Mais, Artemiſe, ces portraits
Sont-ils fidelles ?

LEANDRE *déguiſé comme* ARTEMISE.

Non, je vous ai caché l'Amour ſous de faux traits,
Pour le peindre il n'eſt pas de couleurs aſſez belles.

FLORISE.
C'eſt donc un tableau bien charmant ?

LEANDRE *déguiſé comme* ARTEMISE.

Il ne peut s'achever que par un tendre Amant.

FLORISE.
M'eſt-il permis d'en voir . . . .

LEANDRE *deguiſé comme* ARTEMISE.

Malgré votre eſclavage
Hélas ! ſi de l'Amour vous connoiſſiez la voix
Vous l'auriez près de vous entendu quelquefois.

L'Amour pour s'exprimer a bien plus d'un langage,
Et c'eſt lorſqu'il ſe tait qu'il en dit davantage.
De timides ſoupirs, des regards enflâmez
Ne vous ont-ils jamais tracé la vive image
Des beaux feux que vous allumez ?
L'Amour pour s'exprimer a bien plus d'un langage
Et c'eſt lorſqu'il ſe tait qu'il en dit davantage.

B

Que l'on est malheureux si rien ne vous instruit
Des hommages qu'on va vous rendre !
Avec empressement on vous cherche, on vous suit....

FLORISE.
Je n'ai vû que Leandre.

LEANDRE *deguisé comme* ARTEMISE *à part.*

Ciel ! elle sçait mon nom ! que Leandre est charmé !
à Florise.
Déclarez vous enfin, Leandre est-il aimé ?
Quel trouble vous surprend ?

FLORISE.
Je ne puis le comprendre.
Mon cœur n'est plus maître de lui,
Il suit de douces loix qu'il ne sçait pas encore ;
Les Jeux qui m'amusoient me causent de l'ennui,
J'éprouve quelquefois un plaisir que j'ignore ;
Un trouble qui me plaît m'agite nuit & jour,
Je ne puis m'expliquer le feu qui me dévore ;
Aprenez-moi si c'est l'Amour.

LEANDRE *deguisé comme* ARTEMISE.

Que venez-vous vous-même de m'aprendre ?
Il ôte son masque.
Voudrez-vous bien encor l'avoüer à Leandre ?

FLORISE.

Dieux ! c'eft lui.

LEANDRE *deguifé comme* ARTEMISE.

Je fuis trop heureux.
Ah ! quel prix ? quel doux avantage
Votre cœur accorde à mes feux ?
Sans les connoître, il les partage.
Je fuis trop heureux.

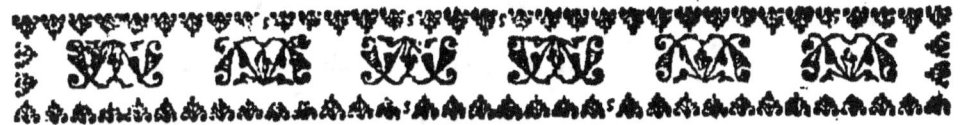

SCENE V.

FLORISE, LEANDRE *deguifé comme*
ARTEMISE, ARTEMISE, ZERBIN.

FLORISE *aperçevant* ARTEMISE *dans le tems
que* LEANDRE *lui baife la main.*

C'Eft Artemife, ô Ciel !

ARTEMISE.

Quel projet témeraire ?

B ij

LEANDRE *deguisé comme* **ARTEMISE.**

Un Amant qui craint de déplaire
Avant l'hymen doit consulter l'Amour :
C'est ce que j'ai fait dans ce jour ;
Excusez mon dessein . . . .

ARTEMISE.

Non, il n'est pas possible . . . . .

ZERBIN *à* **LEANDRE.**

Ne vous allarmez pas, son cœur est fort sensible . . . .
J'en suis garand : c'est dans ce lieu paisible
Qu'elle m'a fait un tendre aveu ;
Vous voyez l'objet de son feu . . . .

LEANDRE *à* **ARTEMISE.**

Serez-vous inflexible ?

ZERBIN *à* **ARTEMISE.**

Au nom de nos tendres soupirs . . . .

ARTEMISE *faisant signe à* **ZERBIN** *de se taire.*

à Leandre. . . . . Non, je ne suis point implacable
Je servirai l'hymen qui flate vos desirs.

LEANDRE *deguisé comme* **ARTEMISE.**

Je vous devrai le jour & mes plus chers plaisirs.

FLORISE *embrassant* **ARTEMISE.**

Que je vous aime !

ZERBIN.

Elle eſt aujourd'hui fort aimable.

ARTEMISE & ZERBIN.

Volez, Dieu des Epoux, de deux tendres Amans
Couronnez la flâme ſincere :
Hymen, que vos nœuds ſont charmans
Quand l'Amour vous aide à les faire.

Et vous mon cher Zerbin, ne conſentez-vous pas
Qu'au temple de l'hymen nous volions ſur leurs pas ?
Répondez.

ZERBIN *interdit.*
à part.

Mais je croi… quel inſtant redoutable !
Mais je croi des haut-bois entendre les accords,
Uniſſons-nous aux Jeux qu'on donne ſur ces bords.

SCENE VI.

LEANDRE *donne la main à* FLORISE, *& ZERBIN en boudant à* ARTEMISE, *les masques arrivent divisés par troupes avec les Instrumens à la tête & s'asseient au tour des arbres.*

CHOEUR *des Masques.*

Dançons, dançons sur les bords de la Seine;
Jeunes Zephirs volez rafraîchissez les fleurs
De cette aimable plaine,
N'y laissez brûler que les cœurs.

Danse des Masques qui sont i terrompuës par l'arrivée de deux petits Bateaux ornez de fleurs & chargez de nouvelles troupes de Masques.

UN MASQUE *chantant.*

Jeunes cœurs, voulez-vous plaire,
Cherchez le Bal & ses attraits:
C'est l'empire du Mystere,
L'Amour y répand ses bienfaits.

BALET.
CHOEUR.

Jeunes cœurs , voulez-vous plaire
Cherchez le Bal & fes attraits :
C'eft l'empire du Myftere ,
L'Amour y répand fes bienfaits.

LE MASQUE *chantant.*

Ici le Mafque eft plus fincere :
Qu'un Bal champêtre a de douceur !
L'étoile de Venus l'éclaire ,
Flore en fait l'ornement, Zephire la fraîcheur.

CHOEUR.

Jeunes cœurs, voulez-vous plaire
Cherchez le Bal & fes attraits :
C'eft l'empire du Myftere ,
L'Amour y répand fes bienfaits.

LE MASQUE *chantant.*

Trop heureux qui fur la fougere
Doit s'enflâmer dans ce fimple séjour !
Le lieu qui voit naître l'Amour
Forme fouvent fon caractere.

CHOEUR.

Jeunes cœurs, &c. . . .

Danfes des nouveaux Mafques.

LE MASQUE *chantant.*

Arrêtez-vous eaux fugitives
Dans ce séjour délicieux :
Rossignols chantez sur ces Rives,
Tout Cythere est dans ces beaux lieux ;
Ici les Graces font plus vives,
Les Amours plus audacieux.

Le plaisir que l'on cache , augmente
Sous un heureux déguisement :
Jaloux, qu'un triste foin tourmente ,
Vous nous observez vainement ,
Sur ces bords l'Amant & l'Amante
Se reconnoissent seulement.

Arrêtez-vous eaux fugitives
Dans ce séjour délicieux ;
Rossignols chantez sur ces Rives ,
Tout Cythere est dans ces beaux lieux ;
Ici les Graces font plus vives
Les Amours plus audacieux.

Le Bal continuë & finit par des Contre-danses.

Fin de la premiere Entrée.

L'AGE

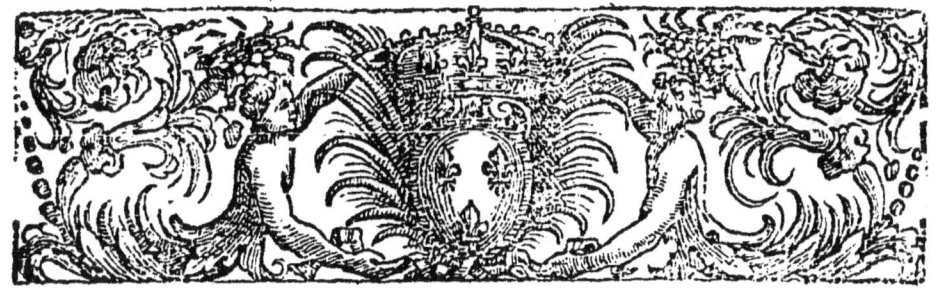

L'AGE VIRIL
OU
L'AMOUR COQUET.

SECONDE ENTRÉE.

*Le Theatre repreſente au fonds un Chaſteau
en Champagne environné de Coſteaux
chargez de Vignes.*

SCENE PREMIERE.

ERASTE *en habit de Campagne,* DAMON
en Voyageur.

ERASTE *embraſſant* DAMON.

EH! que viens tu chercher dans ces climats
    charmans
Toi que chaque beauté pour un inſtant en-
    gage?
Eſt-ce dans des hameaux ſejour des vrais Amans
    Que l'on doit trouver un volage?

C

DAMON.

Pour moi je ne suis point surpris
De te voir Habitant de ces côteaux cheris .....

ERASTE.

Je varie en ces lieux les plaisirs que nous donne
Un agreable Automne,
Je ne me trouve point de momens superflus.

Tout mon tems se partage
Entre les Amours & Bacchus.
J'aime, lorsque je voi la beauté qui m'engage,
Je boi, quand je ne la voi plus:
Tout mon tems se partage
Entre les Amours & Bacchus.

DAMON.

Peux-tu dans ces climats séparer ton hommage ?
La treille y fait couler son plus aimable jus:
L'Amour se doit ici défier du partage
Que tu lui fais avec Bacchus.

ERASTE.

Je sers également leur gloire
Qui veut aimer doit sçavoir boire,
L'Amour fait les Amans & Bacchus les instruit.

Le vin sçait animer par sa flâme liquide
Les cœurs qu'un fier objet au silence réduit;
L'Amour est moins timide
Quand Bacchus le conduit.

DAMON.

Ne mene-t-il que toi chez l'objet qui t'engage?

ERASTE.

Non, non, je n'aime pas une beauté volage

Je croi posseder seul le cœur

De l'aimable objet qui m'enchante;

Tu ris....

DAMON.

Une beauté constante

N'est pas faite pour un buveur.

ERASTE.

Eh! qui m'aprendra donc l'art de fixer les belles ?

DAMON.

Moi. Je n'ai jamais rencontré

D'inconstantes ni de cruelles.

J'attendris les cœurs à mon gré:

J'ai corrigé mille coquettes....

ERASTE.

Est-ce pour exercer un si rare secret

Que vous venez dans ces retraittes?

DAMON.

Ecoûte... Mais est-tu discret?

ERASTE.

Finis un vain mystere.

Tu serois bien fâché que je sçusse me taire;

Va, parle, ne crains rien,
Je dirai tout.

DAMON.

Eh bien,
Une beauté charmante à qui j'ai trop sçu plaire
Habite dans ces lieux :
Je croi que loin de moi tout lui semble ennuyeux. . . .

ERASTE.

Vous venez dissiper le chagrin qui la presse ?

DAMON.

Oüi, je viens en passant la voir dans ce séjour,
Je pourrai bien à sa tendresse
Donner le reste de ce jour.

ERASTE.

Le reste de ce jour ? la faveur est legere.

DAMON.

Oh, je n'en conviens pas, & de plus entre nous,
Mon tems est retenu je ne sçaurois mieux faire.

ERASTE.

Vous allez essuyer bien des transports jaloux !

DAMON.

Hélas ! c'est mon destin.

ERASTE.

>   Lorſqu'on eſt trop aimable
> C'eſt un deſtin inévitable.

DAMON *appercevant* LUCINDE.

J'apercoi la beauté que j'ai trop ſçu charmer,
Que je vais la ravir!

ERASTE.

>   Qui, Lucinde?

DAMON.

>   Elle même.

ERASTE.

Peut-être en d'autres lieux elle a pû vous aimer,
Dans ces climats charmans je ſuis le ſeul qu'elle aime.

DAMON.

Que je te ſçai bon gré d'avoir pû l'enflâmer,

C'eſt me tirer, d'un embaras extrême.

SCENE II.

DAMON, ERASTE, LUCINDE.

LUCINDE à ERASTE *fans voir* DAMON.

Se raffurant.   *Apercevant Damon.*

Allons, Erafte, allons.. Mais, ô Ciel !.. quel bonheur,
    Dans ce lieu vous raffemble ?

ERASTE.

Quoi vous vous étonnez de nous trouver enfemble ?
Damon n'eft pas de trop, il connoît votre cœur.

LUCINDE *à part.*

    Déguifons mon inquietude.

à Damon.
Quoi vous venez, Damon, chercher ma folitude ?

DAMON.

Lucinde, je le voi, vous la peuplez d'amours,
    Et vous empruntez leur fecours
    Contre l'ennui de vos retraittes.

ERASTE *à* DAMON.

Regrettez-vous fon cœur ? mais, quoi,
Vous qui fçavez corriger les coquettes
Travaillez, voilà de l'emploi.

DAMON *à* LUCINDE·

Dans le hameau prochain je vais voir Celimene,
C'eft elle feulement qui dans ces lieux m'amene ;
Vous n'avez changé qu'après moi.

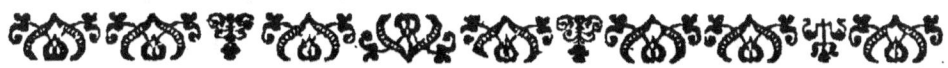

SCENE III.

ERASTE, LUCINDE.

ERASTE·

Vous ne répondez rien, il a fçu vous confondre.

LUCINDE·

A de pareils difcours je n'ai rien a répondre ,
Vous connoiffez Damon.

ERASTE·
Eh bien.

LUCINDE.

Le croyez-vous ?
Lui feriez-vous l'honneur d'en être un peu jaloux ?
Ah ! rougiſſez d'un ſoupçon qui m'offence.

ERASTE.

De ce dépit railleur je dois me défier,
Lucinde, pourquoi donc gardiez-vous le ſilence ?

LUCINDE.

N'avoir rien répondu c'eſt me juſtifier.
Il voit que vous m'avez ſçu plairé,
Si je l'aimois, aurois-je pû me taire,
Et ne le pas déſabuſer ?

ERASTE.

Ah ! vous ſçavez trop bien vous excuſer
Pour être fidelle & ſincere.

LUCINDE *feignant de ſe fâcher.*

C'eſt bien à vous à m'accuſer
Vous que le Dieu du vin ſçait trop ſouvent dif-
traire...

On ne reconnoît plus
L'Empire de Cythere.
Les Amours à preſent s'échapent de leur Mere
Pour aller boire avec Bacchus.

ERASTE.

ERASTE.

Quand la treille me voit fous fes charmans aziles,
J'accorde au Dieu du Vin des momens inutiles
Qui pour l'Amour feroient perdus.

C'eft pour affermir ma conftance
Que j'emprunte dans votre abfence
Le fecours d'un aimable jus.
Mais les Amans des autres Belles
Donnent fouvent à des ardeurs nouvelles
Le tems que mon amour abandonne à Bacchus.

LUCINDE.

Loin de l'objet qui nous bleffe
Doit-on l'oublier jamais ?
Non, n'y pas fonger fans ceffe
C'eft outrager fes attraits.
Non, non, rien ne doit fufpendre
L'attente de fon retour :
Tous les momens d'un cœur tendre
Appartiennent à l'Amour.

ERASTE.

Damon fuivoit-il bien cette leçon fevere
Lorfque vous partagiez fes volages ardeurs?

D

L U C I N D E.

Erafte , fçavez-vous que les Amans railleurs ,
     Perdent bien-tôt le droit de plaire ?

La conquête d'un cœur ne fçauroit me flatter
Lorfqu'à fes foins jaloux il veut que je m'immole :
     Et bien-tôt mon amour s'envole
Si les plaifirs ne fçavent l'arrêter.

A D E U X.

La conquête d'un cœur ne fçauroit me flatter

L'orfqu'à $\begin{cases} \text{Ses foins jaloux} \\ \text{Son inconftance} \end{cases}$ il veut que je m'immole;

     Et bien-tôt mon amour s'envole
     Si les plaifirs ne fçavent l' $\Big\}$ arrêter
     Loin d'un objet qu'il ne peut

On entend un prelude.

E R A S T E.

Qu'entens-je ?

L U C I N D E.

        On prépare une fête,
Erafte , j'oubliois de vous en informer.

E R A S T E *furpris.*

Comment ?

LUCINDE

C'eſt pour moi qu'on l'apprête.

ERASTE.

Vous avez fait encor ici quelque conquête.

LUCINDE.

Oüi, le riche Cleon s'aviſe de m'aimer.

ERASTE.

Ah! ç'en eſt trop, je me dégage.

J'eſperois vainement que votre cœur volage

Se fixeroit en ma faveur:

Ah! ç'en eſt trop, je me dégage,

Je renonce à l'hymen qui flattoit mon ardeur...

LUCINDE.

Non, non, ne craignez pas qu'avec-vous, je m'en-

gage;

Non, vous m'épouvantez avec votre air grondeur.

Quand l'Amour nous fait peur

L'hymen nous doit encore effrayer davantage.

Allez, Eraſte, allez, ne ſuivez plus mes pas...

ERASTE *tres-piqué.*

Ainſi vous me chaſſez... je ne partirai pas.

LUCINDE *gracieuſement.*

Que j'aime ce dépit!

ERASTE.

Mon couroux m'abandonne.
Hélas! qu'il eſt aiſé d'apaiſer les Amans!
Mais Cleon vient : je vais troubler vos doux momens.

LUCINDE *affectant de la colere.*

On fatigue à la fin quand toujours on ſoupçonne,
Vous ne meritez pas, ingrat, mes ſentimens...

ERASTE.

Excuſez-vous du moins....

LUCINDE *en riant.*

Reſtez, je vous pardonne.

SCENE IV.

LUCINDE, ERASTE, CLEON *Financier,*
VENDANGEURS.

CLEON.

POur celebrer la chaine qui m'engage,
Nous deſcendons des côteaux d'alentour :
Par la voix des plaiſirs recevez mon hommage :
Pour vous belle Lucinde, on verra dans ce jour
Les Sujets de Bacchus obéïr à l'Amour.

Danſes des Vendangeurs.

LUCINDE.

Qu'il eſt doux d'habiter notre aimable retraite !
Un jus délicieux coule ſur nos côteaux :
Ici le Dieu des bois partage ſa muſette
Bacchus comme l'Amour reçoit ſes chants nouveaux!

La Danſe des Vendangeurs reprend.

ERASTE.
C'eſt dans ce fortuné ſéjour
Qu'avec tous ſes attraits on voit briller la Treille :
Jamais ſur ces côteaux le Buveur ne ſommeille,
Bacchus dans ces climats a le feu de l'Amour,
Il n'eſt point de cœur qu'il n'éveille.

Le divertiſſement finit par des Danſes.

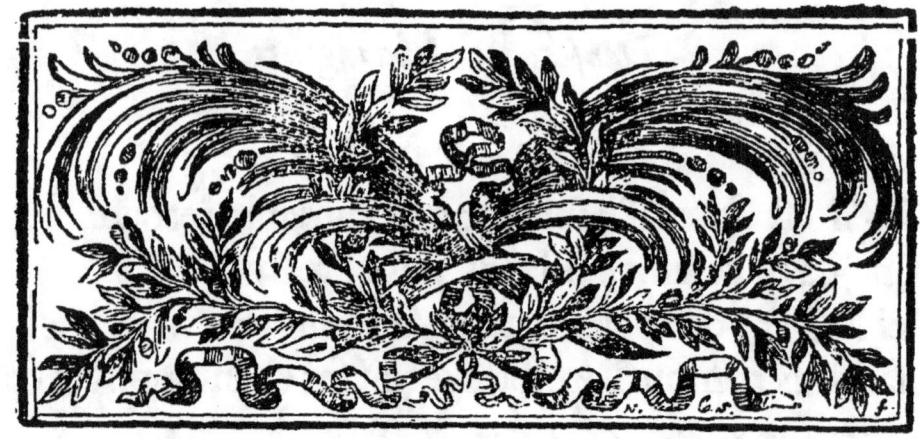

LA VIEILLESSE
O U
L'AMOUR JOÜÉ.

TROSIÉME ENTRÉE.

Le Theatre represente des Jardins prés de Padoüe
preparez pour donner une Fête Galante.

SCENE PREMIERE.

SILVANIRE *deguisée en Cavalier,* MERLIN.

M E R L I N.

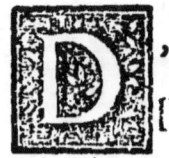'Où vient que Silvanire agitée, inquiete,
Parcourt en soupirant cette aimable retraite?

Sans ſçavoir vos deſſeins j'accompagne vos pas…
Quoi, voulez-vous garder un éternel ſilence ?
Sous ce déguiſement que cherchez-vous ?

SILVANIRE *en Cavalier.*

Hélas !

Amour , fais briller ta puiſſance ,
Seconde des projets par toi-même formés ?

MERLIN.

Par ces tendres ſoupirs j'apprens que vous aimés :
Eſt-ce Argant ? il n'eſt plus dans la ſaiſon de plaire …

SILVANIRE *en Cavalier.*

On veut m'unir à lui par de funeſtes nœuds.

MERLIN.

On voit aſſez que c'eſt le choix d'un Pere,
S'il eut conſulté vos vœux ….

SILVANIRE *en Cavalier.*

Mon cœur eut nommé Valere.

MERLIN.

Qu'Argant dans ſes amours me ſemble témeraire ?

Un Amant plus rempli de glaces que de feux
Peut-il attendre un deſtin agréable ?
Devroit-on ſe mêler d'être encore amoureux
Lorſqu'on n'eſt plus aimable ?

SILVANIRE *en Cavalier.*

Quel Amant !

MERLIN.

Vous l'avés aſſervi malgré vous,
Vous n'aviés pas deſſein de porter là vos coups,
C'eſt un trait égaré du Vainqueur de Cythere.

SILVANIRE *en Cavalier.*

Lorſque l'Amour lance ſes traits
Rarement la raiſon l'éclaire,
La plus foible conquête a pour lui des attraits :
Lorſque l'Amour lance ſes traits
Pourvû qu'il bleſſe un cœur il ne le choiſit guere.

MERLIN.

Vos mépris pour Argant ſont encore un myſtere ?..

SILVANIRE *en Cavalier.*

Depuis l'inſtant fatal qui cauſa mon malheur,
Argant n'a pû m'expliquer ſon ardeur.

MERLIN.

Un Amour de ſon âge eſt inſtruit à ſe taire.

Quel ſeroit le triſte entretien,
D'un Amant auſſi vieux que l'Epoux de l'Aurore ?
Avec tranquilité croyés qu'il vous adore ;
Avant l'hymen il ne vous dira rien,
Peut-être après l'hymen ſe taira-t-il encore.

SILVANIRE

SILVANIRE *en Cavalier.*

On m'ordonne aujourd'hui de paroître à ses yeux;
Déja dans ces Jardins ornés par sa tendresse
Tu m'as fait remarquer cet Amant odieux :
  Sous cet habit par ton adresse
J'ai devancé mon Pere dans ces lieux ;
J'y viens chercher Argant, j'y viens troubler son ame,
Je veux rompre l'hymen qu'espere en vain sa flâme...

MERLIN.

Mais avés-vous prévû tous les hazards fâcheux ?

SILVANIRE *en Cavalier.*

Sans les examiner je les crois favorables :
  Les projets les moins raisonnables
  Sont quelquefois les plus heureux.

MERLIN.

Expliqués-vous, je suis fort discret je vous jure.

SILVANIRE *en Cavalier.*

Non, non, Valere même ignore l'aventure
  Que j'ose risquer en ce jour.
Laisse-moi : ne suis plus mes pas dans ce séjour :
Pour témoin d'un projet dont la raison murmure
  C'est assés de l'amour.

E

SCENE II.

SILVANIRE *en Cavalier seule.*

Jardins fleuris qu'arrosent cent fontaines,
Bois que font retentir mille oiseaux amoureux,
Vous redoublez, hélas ! mon désespoir affreux ;
Plus un séjour est doux plus on y sent ses peines.

On veut me separer de l'objet de mes vœux.
J'écoute avec regret sous ce paisible ombrage,
Ruisseaux votre murmure, oiseaux votre ramage ;
Tout devient des tourmens pour les cœurs mal-
heureux.

Jardins fleuris qu'arrosent cent fontaines
Bois que font retentir mille oiseaux amoureux,
Vous redoublez, hélas ! mon desespoir affreux ;
Plus un séjour est doux plus on y sent ses peines.

Mais Argant vient ici : de mon déguisement
Soutenons l'apparence.
Il approche : il est tems que ma feinte commence ;
Imitons les transports d'un malheureux Amant.

SCENE III.

SILVANIRE *en Cavalier*, ARGANT.

SILVANIRE *en Cavalier à part.*

Dieux ! Quelle route dois-je fuivre ?
Silvanire, êtes-vous dans ce fatal féjour ?

ARGANT *à part.*

Il parle de l'objet qu'un doux hymen me livre.
Ecoutons.

SILVANIRE *en Cavalier à part.*

Quoi, je perds l'objet de mon amour ?
Un Rival me l'arrache & je le laiſſe vivre ?

ARGANT *tremblant & s'éloignant.*

Ne nous découvrons pas, évitons fon couroux.

SILVANIRE *en Cavalier arreſtant* ARGANT.

De grace arrêtez-vous,
N'eſt-ce pas dans ces lieux qu'on attend Silvanire ?
Argant eſt-il ici ?

ARGANT *à part.*

Il ne me connoît pas, à la fin je respire.

à Silvanire.

Seigneur, quel est le mal qui vous agite ainsi ?

SILVANIRE *en Cavalier.*

J'adore Silvanire, on l'enleve à ma flâme,
Et vous vous étonnez du trouble de mon ame ?

ARGANT.

Eteignez d'inutiles feux ....

SILVANIRE *en Cavalier.*

Qu'osez-vous conseiller à mon cœur amoureux ?

ARGANT.

Argant espere ici par des Jeux qu'on aprête
Toucher l'objet charmant dont son cœur suit la Loi.

SILVANIRE *en Cavalier.*

Silvanire verra des mêmes yeux que moi
Cette fatale Fête.

Non, Silvanire & moi nous n'avons pas deux cœurs
Elle est fidelle à l'Amant qu'elle adore.
Dans le triste destin de nos tendres ardeurs
Nous verfons ensemble des pleurs ;

Elle hait le Rival que je hais, que j'abhore ;
Non, Silvanire & moi nous n'avons pas deux cœurs.

ARGANT *à part.*

Je dois entendre ce langage ;
Voilà pour mon hymen un fort heureux préfage.

à Silvanire.

Ainfi l'efpoir d'Argant…

SILVANIRE *en Cavalier.*

Peut-il en concevoir ?
Eft-ce donc de l'amour que fon afpect infpire ?
Non, j'ofe m'en flatter, non, j'ofe vous le dire
Il ne fçaura jamais quel que foit fon efpoir
Me féparer de Silvanire.

ARGANT.

Elle pourra changer…

SILVANIRE *en Cavalier.*

Non, non, n'en croyez rien,
Je connois dès long-tems fon cœur comme le mien.

ARGANT.

Silvanire vous jure une ardeur immortelle…

SILVANIRE *en Cavalier.*

Tous fes vœux, tous fes pas font guidés par l'amour.

ARGANT.

Vous paſſés, je le voi, peu de momens ſans elle,

SILVANIRE *en Cavalier.*

Je l'accompagne nuit & jour.

ARGANT *à part.*

Nuit & jour ! juſte Ciel ! il n'a plus rien à taire.

SILVANIRE *en Cavalier* à part.

Ma feinte réüſſit : mais j'aperçois Valere.

SCENE IV.

SILVANIRE *en Cavalier*, ARGANT. VALERE.

VALERE *ſans les voir.*

B Arbare hymen, tyran trop rigoureux,
Tu prétens donc m'arracher Silvanire?

ARGANT *à part.*

Dieux! encor un Rival! eh! que vont-ils ſe dire?

VALERE *ſans les voir.*

Barbare hymen, tyran trop rigoureux,
Sans l'aveu de l'amour dois-tu former des nœuds ?

ARGANT *à part reconnoissant* VALERE.

Que vois-je ? Valere. Il soupire ?
J'ignorois son amour, je connois son couroux,
Il ne menage rien dans ses transports jaloux,

à Valere.

Je crains .. feignons ... Seigneur la Fête vous attire ?

VALERE *voulant mettre l'épée à la main.*

Ah ! je vous trouve enfin, Argant, defendés-vous...

ARGANT & SILVANIRE *en Cavalier.*

Arrêtés.

VALERE *à Argant.*

Non, il faut expirer sous mes coups.

SILVANIRE *en Cavalier le retenant.*

Eh ! de grace, arrêtés Valere.

ARGANT *montrant* SILVANIRE *en Cavalier à* VALERE.

C'est sur lui seul que doit tomber votre colere,
On trouve nuit & jour Silvanire avec lui :

Il me l'a dit lui-même.

VALERE *regardant* SILVANIRE *en Cavalier.*

Quoi, c'est vous que je vois ? ma surprise est extrême.
Quoi, c'est vous ?

SILVANIRE *en Cavalier.*

Oüi, c'eſt moi, je vous prouve aujourd'hui
Qu'on oſe tout lorſque l'on aime.
Silvanire eſt conſtante, Argant l'adore en vain,
Il n'obtiendra jamais ni ſon cœur ni ſa main,
Je ſuis ici venu moi-même l'en inſtruire...

VALERE.

Que Valere eſt charmé ? quel genereux effort ?

ARGANT *à part.*

Voilà deux Rivaux bien d'accord.

SILVANIRE *en Cavalier aperçevant* **FABIO.**

Mon Pere vient. Amour, daigne, hélas ! nous conduire.

SCENE V.

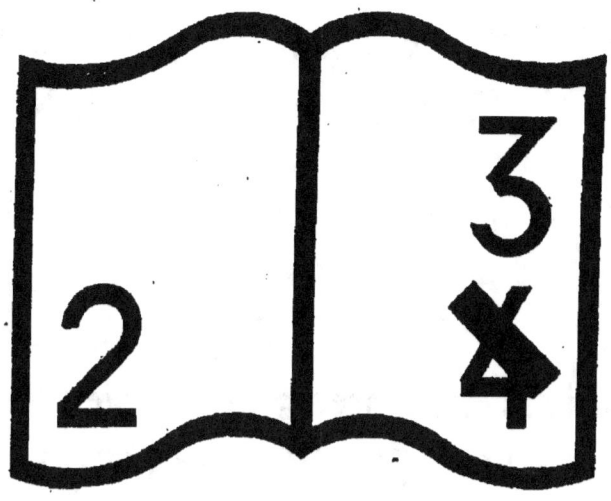

Pagination incohérente
Texte complet

SCENE V.

SILVANIRE *en Cavalier*, VALERE,
ARGANT, FABIO *ſuivi de* MERLIN.

*L'Ordonateur de la Fête, Valere & Silvanire s'écartent
un peu.*

FABIO.

DE ces lieux enchantez goûtons bien les appas,
Que l'Hymen y prépare une agreable Fête.

ARGANT.

Je ſçai les faveurs qu'il m'aprête.

L'ORDONATEUR *de la Fête entrant à* ARGANT.
Seigneur, les Jeux ſont prêts....

ARGANT *bruſquement.*
Moi je ne le ſuis pas.

FABIO.

Quel eſt ce noir chagrin & que voulez-vous dire ?

ARGANT *bruſquement.*

Que je ne veux plus être Epoux.

F

FABIO.

Expliquez-moi du moins qui cauſe ce couroux.

ARGANT *montrant à* FABIO,
Valere & Silvanire en Cavalier.

Pour vous en informer, l'un des deux peut ſuffire.
Adieu je les laiſſe avec vous;
Tous deux bien mieux que moi connoiſſent Silvanire.

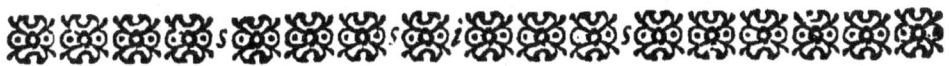

SCENE VI.

VALERE, SILVANIRE *en Cavalier*, FABIO,
MERLIN, L'ORDONATEUR *de la Fête & ſa ſuite.*

FABIO *regardant* VALERE *&* SILVANIRE,
en Cavalier qui l'évitent tour à tour.

QU'ont-ils donc à m'aprendre?.. ils m'évitent
tous deux...
Je ne vois plus Argant...

MERLIN *bas à* SILVANIRE.

Soutenons bien l'orage.

FABIO *à part.*

Quel caprice d'Argant a pû changer les vœux ?
Non, ma Fille jamais ne sera le partage
D'un Epoux si fâcheux.

SILVANIRE *en Cavalier, à son Pere.*

Que j'ai de graces à vous rendre !..

FABIO *à sa Fille.*

la reconnoissant.

Quoi Seigneur... mais que vois-je ici ?
Ma Fille, quel projet osiez-vous entreprendre ?

SILVANIRE *en cavalier.*

Il est justifié puisqu'il a réüssi.

MERLIN *à FABIO.*

Il faut d'un cœur qui soupire
Excuser les mouvemens,
Un projet que l'amour inspire
Paroît toujours sage aux Amans.

FABIO *à MERLIN.*

On ne demande pas ici tes sentimens.

SILVANIRE *en Cavalier à FABIO.*

Seigneur est-ce en vain que j'espere ?

FABIO.

Je fçai que vous aimez & j'aperçois Valere…
C'en eft fait, je veux bien vous unir en ce jour,
Il faut que pour vos feux, enfin je me déclare;
     Il faut que l'Hymen repare
     Les fautes que fait l'Amour.

FABIO, SILVANIRE, VALERE & MERLIN.

     Il faut que l'Hymen repare
     Les fautes que fait l'Amour.

On entend un prelude.

FABIO.

Qu'entens-je ?

L'ORDONATEUR.

     Ces concerts nous annoncent la Fête
     Que pour Argant par mon ordre on aprête.

VALERE.

Ces Jardins qu'il avoit difpofez pour des Jeux
     Verront triompher ma tendreffe.
     Achevons ici ce jour heureux,
Profitons des plaifirs que mon Rival nous laiffe.

A L'ORDONATEUR *de la Fête & à fa fuite.*

Vous qui de mon bonheur devenez les témoins,
Allez, comptez fur moi pour le prix de vos foins.

SCENE DERNIERE.

LE TRIOMPHE DE LA FOLIE SUR TOUS LES AGES.

La Ferme s'ouvre, & le Theatre represente au fonds un Amphitheatre de verdure orné de Fleurs & de Girandoles, occupé par les Ages & les sujets Favoris de la Folie. Son Trône isolé & caracterisé est placé au milieu; elle y est gardée par ses Matassins & environnée par Arlequin, Polichinel & autres Personnages comiques.

Un Acteur de la fête.

O Puissante Folie, acceptez nos hommages,
Votre empire est égal à celui de l'Amour :
Vous sçavez comme lui regner sur tous les Ages,
Comme lui vous avez une nombreuse Cour.

Triomphez charmante Folie,
Chez vous tous les plaisirs sont toujours de saison ;
Triomphez charmante Folie,
Les momens qu'on dérobe à la triste raison
Sont les plus doux de notre vie.

F iij

LES AGES,

C H OE U R.

Triomphez charmante Folie,
Chez vous tous les plaifirs font toujours de faifon ;
Triomphez charmante Folie,
Les momens qu'on dérobe à la trifte raifon
Sont les plus doux de notre vie.

Les Mataffins danfent.

L A F O L I E.

Rien fur la Terre & dans les Cieux
N'égale ma gloire immortelle :
J'étens mon pouvoir en tous lieux
Malgré la fageffe rebelle,
Et le fier fouverain des Dieux
Eft mon fujet le plus fidelle.

Danfe des Ages.

S I L V A N I R E.

Douce Folie, Amour conftant,
Tu fais le bonheur de mon ame,
Joüis d'un triomphe éclatant
Que ta gloire égale ma flâme.
Une tendre & fidelle ardeur
De tes Favoris eft le gage;
Quand tu n'eftimes pas un cœur
Tu lui permets d'être volage.

Douce Folie, Amour conftant,
Tu fais le bonheur de mon ame;
Joüis d'un triomphe éclatant,
Que ta gloire égale ma flâme.

Danfe.

Un Acteur de la Fête.

Cara follia
Dentro il mio core
Con fommo ardore
Sempré farai.

Lo ftuolo immenfo
De tuoi feguaci
Sebben audaci
D'al mio Valore
Vinti vedrai.

Cara Follia
Dentro il mio core
Con fommo ardore
Sempré farai.

CHOEUR.

Chantons, celebrons les faveurs
De la Divinité qui regne fur nos cœurs.
L'Univers enchanté l'adore;
Elle a mille Autels dans des lieux
Où l'on ignore
Tous les autres Dieux.

F I N.

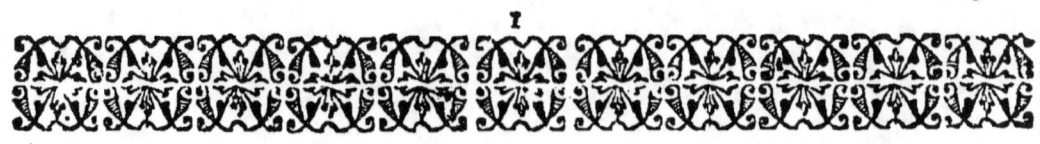

CATALOGUE

DES LIVRES NOUVEAUX

qui se vendent à Paris chez PIERRE RIBOU, seul Libraire de l'Académie Royale de Musique, Quay des Augustins, vis-à-vis la descente du Pont-Neuf, à l'Image S. Loüis.

Dictionaire pratique du bon Menager de Campagne & de Ville, qui apprend generalement la maniere de nourrir, élever & gouverner, tant en santé que malades, toutes sortes de Bestiaux, Chevaux & Volailles ; de sçavoir mettre à son profit tout ce qui provient de l'Agriculture ; de faire valoir toutes sortes de Terres, Prez, Vignes & Bois ; de cultiver les Jardins, tant Fruitiers, Potagers, que Jardins Fleuristes ; de conduire les Eaux, & faire generalement tout ce qui convient aux Jardins d'Ornemens : Avec un Traité de tout ce qui concerne la Cuisine, les Confitures, la Pâtisserie, les Liqueurs de toutes sortes ; les Chasses differentes, la Pêche, & autres divertissemens de la Campagne ; les mots Latins de tout ce qu'on traite dans ce Livre, & quelques Remarques curieuses sur la plûpart ; le tout en faveur des Etrangers, & de tous ceux qui se plaisent à ces sortes de lectures. Ouvrage tres-utile dans les Familles. Par le Sieur *Loüis Liger*, in 4. 2. vol.   10. l.

Abregé Chronologique de l'Histoire de France, *par le Sieur de Mezeray*, Historiographe de France. Nouvelle édition, augmentée de l'origine des François, & de leur établissement dans les Gaules ; de l'état de la Religion, & de la conduite de l'Eglise dans les Gaules jusqu'au régne de Clovis, & de la Vie des Reines que l'on a tirée de sa grande Histoire imprimée en 1685. en 3. vol. in folio. In quarto 3. vol.   25. l.

—— Idem in 12. 10. vol.   25. l.

Numismata Ærea Imperatorum, Augustarum & Cæsarum in Coloniis, municipiis, & urbibus, jure latio donatis, ex omni modulo percussa, Auctore Joanne Foy-Vaillant Bellovaco, Doctore Medico, & Serenissimi Ducis Cenomanensium Antiquario Paris. excusa, in fol. 2. vol. 36. l.

Vies des Saints, *par Ribadeneira*, *fol. 2. vol.* 15. l.

Les Loix Civiles dans leur ordre naturel, le Droit public, & *Legum delectus, fol. 2. vol.* 20. liv.

—— Les mêmes, *in 4. 6. vol.*   36. l.

L'Art de Tourner, ou de faire en perfection toutes sortes d'Ouvrages au Tour : ouvrage tres-curieux & tres-necessaire à ceux qui s'exercent au Tour ; Latin & François, *fol.* 15. l.

Œuvres diverses du Sieur D... avec un Recüeil de Poësies choisies de M. de B... 2. vol. in 12.   5. l.

Traité de la Police où l'on trouvera l'histoire de son établissement, les fonctions & les prérogatives de ses Magistrats, toutes les Loix & tous les Reglemens qui la concernent. On y a joint une description Topographique de Paris & huit plans gravez qui representent son ancien état & ses divers accroissemens : avec un Recüeil de tous les Statuts & Reglemens des six Corps des Marchands & de toutes les Communautez des Arts & Métiers, *fol. 2. vol.*   50. l.

Les Œuvres de M. de la Mothe le Vayer, *in 12.* 15. vol.   36. l.

Le Diable Boiteux, *in 12.*   2 l.

Les conseils de la Sagesse, contenant les Maximes de Salomon les plus necessaires à l'homme pour se bien conduire soi-même, *in 12. 2. vol.* 1714.   4. l. 10. s.

Amusemens serieux & comiques, *par M. du Fresny. in 12.*   1. l. 10. s.

Les Œuvres de *Clement Marot de Cahors, Valet de Chambre du Roi*, revües & augmentées de nouveau, *in 12. 2. vol.*   6. l.

Histoire de l'admirable Dom Quichotte de la Manche, *in 12. 6. vol. avec figures*, nouvelle Edition, continuée jusqu'à sa mort. 15. l.

La Vie de Guzman d'Alfarache, traduite de l'Espagnol, enrichie de figures, *in 12. 3. vol.* 7. l. 10 s.

Œuvres mêlées de *M. de Saint Evremond*, nouvelle Edition augmentée sur celle de Lon dres, in 12. 7. vol. 15. l.

Lucien de la Traduction *de M. d'Ablancourt*, avec des Remarques sur cette Traduction, *in* 12. 3. vol. 6. l.

Traduction des Satyres de Perse & de Juvenal, *par le R. P. Tarteron de la Compagnie de* Jesus, nouvelle Edition, corrigée & augmentée, 1714. 2. l. 10. f.

Fables choisies, mises en Vers *par M. de la Fontaine*, enrichies de figures, in 12. 5. vol. 10. l.

Les mémes en un Volume, 3. l.

Histoire de la conquête du Mexique, ou de la Nouvelle Espagne, *par Fernand Cortez*, traduite de l'Espagnol, in 12. 2. *vol.* nouvelle Edition, avec figures. 5. l.

Histoire de la découverte & de la conquête du Perou, traduite de l'Espagnol, in 12. 2. *vol.* avec figures. 4. l. 10. f.

Les Delices de l'Italie, contenant une description exacte du Pays, des principales Villes, de toutes les antiquitez, & de toutes les raretez qui s'y trouvent; Ouvrage enrichi d'un tres-grand nombre de figures, in 12. 4. *vol.* 12. l.

Instructions pour les Jardins fruitiers & potagers, avec un Traité des Orangers, & des reflexions sur l'Agriculture. *Par M. de la Quintinie*, Directeur des Jardins Fruitiers & Potagers du Roi; avec une nouvelle instruction pour la culture des Fleurs. Nouvelle édition, augmentée de la culture des Melons, de la maniere de tailler les Arbres fruitiers, d'un Dictionaire des Termes dont se servent les Jardiniers en parlant des Arbres, & d'une Table des matieres, 1716. in 4o. 2. vol. 12. l.

Nouvelle de Miguel de Cervante, 2. liv.

Les Œuvres de Lucrece, Traduct. nouvelle, augmentée de nouvelles remarques *du Baron des Coûtures*, in 12. 2. vol. 5. l.

Traité historique des Monnoyes de France, *par M. le Blanc*, in 4. avec 100. figures, contenant les empreintes des differentes Monnoyes, 9. l.

Traduction nouvelle de Roland l'Amoureux, *par M. le Sage*, 2. vol. in 12. ornez de figures, 5. l.

Les Œuvres de Virgile en Latin & en François, *par M. de Martignac*, 3. vol. in 12. nouvelle Edition, 6. l.

Traduction nouvelle des Odes d'Anacreon, *par M. de la Fosse*, seconde édition, augmentée de deux Odes, l'une de Pindare & l'autre d'Horace, in 12. 2. l. 10. f.

Nouvelle Grammaire Espagnole, *par M. Perger*, in 12. 2. l. 5. f.

Histoire universelle ou Traduction nouvelle *de Justin*, avec des Remarques, *in* 12. 2. vol. 5. l.

Voyage d'Alep à Jerusalem, *in* 12. 2. l.

L'Arithemetique de M. le Gendre, derniere édition 1718. augmentée de la maniere de compter aux Jettons, *in* 12. 2. liv. 10. f.

Le Comte de Cardonne, *in* 12. 1. l. 16. f.

Nouvelle Explication des Fables & Dieux de l'antiquité, *in* 12. 3. *vol.* 7. l. 10. f.

Le Jeu de l'Hombre, augmenté des Décisions nouvelles, & des Regles sur les incidens de ce Jeu, avec la maniere de marquer à la Bavaroise nouvelle édition. *in* 12. 1. l. 10. f.

La Vie de M. de Moliere, *in* 12. 2. l.

Histoire de la Virginie, contenant celle de son établissement & de son gouvernement jusqu'à present, les productions naturelles du Pays, la Religion, les Loix & les Coutumes des Indiens naturels, *par un Auteur natif & habitant de ce pays-là*, *in* 12. enrichie de figures en taille-douce, 2. l. 5. f.

Ecole parfaite des Officiers de Bouche, qui enseigne les devoirs du Maître-d'Hôtel & du Sommelier, la maniere de faire les Confitures seches & liquides, les Liqueurs, les Eaux, les Parfums, la Cuisine, à découper les Viandes, & à faire la Pâtisserie; *huitiéme Edition*, corrigée & augmentée des Pâtes nouvelles, & des nouveaux Ragoûts qu'on sert aujourd'hui: Avec des modeles pour dresser les Services de Table, *in* 12. 1715. 2. l. 5. f.

Les Œuvres de M. le Noble, Baron de S. George, contenant Zulima, Mylord Courtenay, l'Ecole du Monde, l'Histoire de l'établissement de la République d'Hollande, Relation de l'Etat de Genes, Abramulé, Ildegerte, ses Pasquinades, Epicaris ou l'histoire secrette de la conjuration de Pison contre Neron, & celle des Pazzy contre les Medicis, ses Promenades, ses Contes, Fables & Poësies, les Avantures Provinciales, ou le Voyage de Falaise, l'Avare genereux, la fausse Comtesse d'Isamberg, Esope Comedie, Uranie ou le Tableau des Philosophes, Dissertation sur la Naissance de Jesus-Christ, l'Esprit de David, avec la traduction de ses Pseaumes & de courtes Reflexions. 19. *volumes* in 12. 38. l.

L'Ambiguë d'Auteüil, ou veritez historiques, composées du Joüeur, du Nouvelliste, du Financier, du Critique, de l'Inconnu, du Sincere, du Subtil, de l'Hypocrite, & de plusieurs autres personnages de differens caractéres, *in* 12. 1. l. 5. f.

Les Avantures d'Apollonius de Tyr, livre rempli d'évenemens, & écrit dans le même stile que Telemaque, *par M. le B* . . . . *in* 12. 2. l.

Le Voyageur Fidele, ou le Guide des Etrangers dans la Ville de Paris; qui enseigne tout ce qu'il y a de plus curieux à voir : les noms des Ruës, des Fauxbourgs, Eglises, Monasteres, Chapelles, Places, Colleges, & autres particularitez que cette Ville renferme ; les Adresses pour aller de quartiers en quartiers, & y trouver tout ce qu'on souhaite, tant pour les besoins de la vie, que pour autres choses : Avec une Relation en forme de Voyage, des plus belles Maisons qui sont aux environs de Paris : le tout pour l'usage & l'utilité des Etrangers, *in* 12. 2. l. 5. f.

Abregé de Geographie, & de tout ce qu'il y a de plus remarquable dans chacune des quatre grandes parties de la Terre, particulierement dans l'Europe & dans le Royaume de France: le tout mis en ordre pour pouvoir être appris & retenu facilement par cœur, avec les routes des postes de France & d'Espagne, dedié à S. A. S. Monseigneur le Prince de Dombes, *par M. Poncein, in* 12. 1. l. 5. f.

L'Eloge de la Folie, composée en forme de Déclamation *par Erasme de Roterdam*, avec quelques Notes de l'histoire & les belles figures de Holbenius : le tout sur l'original de l'Académie de Bâle ; piece qui representant au naturel l'homme tout défiguré par la sotise, lui apprend agreablement à rentrer dans le bon sens, Traduction nouvelle ; *par M. Guedeville, in* 12. 5. l.

Histoire des sept Sages, *par M. de Larrey, in* 12 2. *vol.* 5. l.

Recuëil de bons mots des anciens & des modernes, nouvelle Edition augmentée, 2. l.

THEATRE DE MESSIEURS

Corneille, nouvelle Edition, augmentée & enrichie de figures en taille douce, 10. *vol.* in 12. 25. l.

Racine, nouvelle Edition, 2. *vol. in* 12. 6. l.

Campistron, nouvelle Edition, augmentée d'une Tragedie & d'une Comedie, & ornée de figures, 4. l.

De la Fosse, avec ses Poësies, 2. *vol.* 5. l.

Crébillon, augmenté de Semiramis, 4. l.

Pradon, 3. l.

De la Grange, augmenté d'Ino & Melicerte, Tragedie, 2. l. 10. f.

Moliere, 8. *vol.* nouvelle Edit. 1718. augmentée de sa Vie, avec de nouvelles Remarques. 15. l.

Dancourt, 9. *vol.* nouvelle Edition, augmentée de plusieurs Pieces qui n'avoient point été imprimées dans les Editions précedentes, avec figures & musique, 18. l.

Reguard, 2. *vol.* 5. l.

De la Font, 2. l.

De Hauteroche, 2. l. 10. f.

De Nericaut Destouches, 2. *vol.* 5. l.

De Baron, 3. l.

De Legrand, 2. l. 10. f.

Palaprat, seconde Edition, augmentée de plusieurs Comedies qui n'ont pas encore été imprimées, & d'un Recuëil de Pieces en Vers, 2. *vol.* 5. l.

De Riviere, 2. l. 10. f.

Boindin, 2. l.

De Champ-Mêlé, 2. l.

De Montfleury, 2. *vol.* 5. l.

De Rousseau, un *vol.* 2. l. 10. f.

De Mademoiselle Barbier, 2. l. 10. f.

Quinault, nouvelle Edition, augmentée d'un abregé de sa Vie, d'une Dissertation sur ses Ouvrages, & de l'origine de l'Opera, & de ses Opera, *in* 12. 5. *vol.* ornez de figures, 12. l. 10. f.

Theatre François, ou Recuëil des meilleures pieces de Theatre des anciens Auteurs, *in* 12. 3. *vol.* 7. l. 10. f.

Theatre Lyrique avec une Préface où l'on traite du Poëme de l'Opera, & la Réponse à une Epître Satyrique contre ce spectacle, *par M. le Br. in* 12. 2. l.

Pieces nouvelles & séparées.

Mahomet II.
Idomenée.
Atrée.
Electre.
Caton d'Utique.
Absalon.
Cyrus.
Geta.
Les Tyndarydes.
Saül.
Médée.
Herode.
Ino & Melicerte.
Polydore.
La mort d'Ulysse.
Mustapha.
Jonathas.
Habis.
Agrippa, ou le faux Tiberinus.
Marius.

} Tragedies.

Le Curieux Impertinent.
Les Agioteurs.
L'Amour Charlatan.
Le Naufrage.
Danaé.
Turcaret.
Crispin Rival.
Le Jaloux desabusé.
Les Métamorphoses.
L'Amour vangé.
Esope à la Ville.
L'Usurier Gentilhomme
Esope à la Cour.

} Comedies.

www.ingramcontent.com/pod-product-compliance
Lightning Source LLC
Chambersburg PA
CBHW071424220526
45469CB00004B/1422